Scénarios Marc CANTIN & Isabel
Dessins et couleurs Isabelle MAROGER

Ma mère et moi

TOME 8 : INSÉPARABLES

CLAIR DE LUNE

Marc Cantin et Isabel sont scénaristes de bande dessinée et écrivains pour la jeunesse.
Spécialistes de l'écriture à quatre mains, ils imaginent et construisent ensemble leurs histoires.
Ils commencent par rassembler des idées, puis ils rédigent le scénario sous une forme écrite.
Ensuite, ils utilisent des croquis pour découper l'histoire en cases, définir les cadrages, les expressions… et bien sûr les bulles !

Leur collaboration étroite n'est pas sans rappeler la complicité qui existe entre Cloé et sa mère !
Mariés dans la vie, ils ont une fille qui leur a inspiré cette série.
Site internet : http://cantin.over-blog.com

Isabelle Maroger est illustratrice pour l'édition, la presse et la publicité.
Ce qu'elle aime, c'est créer des images qui donnent le sourire.
Dans la vie, elle adore chiner des objets insolites, s'occuper de ses plantes,
voyager et mettre un peu de tout ça dans ses dessins !
Elle s'est aussi inspirée de son chat roux, Sparrow, pour imaginer celui de Cloé qu'elle n'oublie jamais d'ajouter aux scénarios.

Isabelle vit à Lyon où elle partage un atelier/galerie, Le Bocal avec 10 amis illustrateurs
Site internet : http://isacile.blogspot.fr

Des mêmes scénaristes

« Léo et Lola » - 9 tomes
« Cerise et Garou » - 2 tomes
« Voisin voisine »
« Wally Doyle » - Disponible en version manga ou BD tout en couleurs

http://editionsclairdelunebd.blogspot.com/
Stylique : Pierre LEONI
Dépôt légal : mai 2016 · ISBN : 978-2-35325-716-4
Première Édition
Imprimé en France par Caractère / Reliure Legatoria Mondovi

La vérité éclate toujours !

Alors, dis-moi …
Qui a fait ça ?
Hein ?
Qui ?
Un courant d'air ?
Mawrôôôôô !
C… c'est pas Cloé
C'est le chat !
J'imagine combien tu te sens coupable de m'avoir accusée à tort, Maman.
Je te laisse nettoyer.
Moi, je vais chez Éloïse.
HALTE !
Tu restes ici !
Tu n'avais pas le droit d'aller au fast-food à midi !
Tu es donc punie !
Privée de sortie !
Et tu es de corvée de nettoyage !
Voici le balai et la pelle !
Au travail !

Entre mère et fille

Vous portez un coup à l'épaule.
Comme ça.
AÏEUUUU !
PAF !
Non mais...
Je rêve !
Vous venez de frapper ma fille !
Espèce de brute épaisse !
PAF!
PAF !
M... mais tu es malade !
Je vais t'apprendre à bien te comporter, moi !
Hééé !
Vous ne menacez pas ma fille !
POF !
PAF !
A... arrêtez Madame !
Vas-y Maman !
PAF !
PAF !
OUILLE !
BOXING CLUB
Je vous interdis de remettre les pieds dans mon club !
On n'a même pas terminé notre cours gratuit !
C'est de la publicité mensongère !
Laisse tomber M'man.
C'est un club de mauviettes !

La peur des piqûres

L'AMI VACCIN
C'est à NOUS !!!
Évidemment, avec un jeune docteur mignon, elle n'a plus peur...
Bien... vous venez toutes les deux vous faire vacciner.
Qui commence ?
MOI !!!
Ben voyons.
Bravo, Cloé
Tu es très courageuse...
Ben ?
Elle s'est évanouie !
Je ne l'ai même pas encore piquée !
Ça doit être le stress !
Allez, ranime-moi !
Tap Tap Tap
Le bouche-à-bouche ... Le bouche-à-bouche ...
Et un petit massage cardiaque !
Non, c'est une autre maladie, docteur.
Vous n'auriez pas un vaccin contre la bêtise ?

Le petit frère

Je commence presque à regretter d'être fille unique.
DING ! DONG !
Bonsoir Cloé !
Oh ! Tatie Julie !
Qu'est-ce que tu fais ici ?
Ta mère ne t'a rien dit ?
On va au ciné toutes les deux !
Ernest reste avec toi.
Veille bien sur ce petit chaton !
Ça va être sympa.
Toi qui rêves d'avoir un petit frère !
Oui, mais...
D'accord, mais...
CLAC !
... Je t'avais dit que je ne ferais PLUS JAMAIS de baby-sitting ...
T'as des bonbons ?
Hé ! je te cause !
Elle a réussi à m'attendrir avec son histoire de petit frère.
Ça un chaton ?
Bonjour l'anarque !
Ma mère est démoniaque !
Trop naze ta télé !
Aussi moche que toi !
Je veux des bonbons !
CLIC ! CLIC !
Ah ! Ma série préférée !
Tu vas goûter à ma boule de feu !
BLURP !
MEURS !

Système D

Je vais vous rendre vos devoirs d'Histoire.
J'espèrais des progrès. Mais c'est bien pire que la dernière fois !
Si j'ai encore un «C», c'est mort !
Ma mère m'interdira de venir à ta fête d'anniversaire.
J'espère que tu auras un «B» !
Cloé !
D
Continue comme ça, tu es bien partie pour faire tout l'alphabet à l'envers !
Euh... M'sieur, c'est juste pas possible, là.
Vous avez dû faire une petite erreur...
MOI ???
UNE ERREUR ?
C'est aussi moi qui confonds le Front populaire et la Révolution française ?
N... non, M'sieur...
C'est mort...
Mort de chez mort...
Je n'irai jamais à la super fête d'anniversaire d'Éloïse...
Tout le monde va s'éclater...
... sauf moi !

À moins que je n'utilise ma méga astuce !
Un truc que je gardais pour les situations désespérées ...
Je crois que c'est LE moment !
D'abord... bloquer la serrure avec ma clé.
Doucement ...
Sans bruit ...
Ensuite, je frappe.
Et je prends une voix grave.
Qui est-ce ?
Toc Toc Toc !
Le facteur !
J'ai un colis pour vous !
Ah ! Désolée ! Je n'arrive pas à ouvrir ma porte...
Ne vous inquiétez pas Madame.
Clic ! Clic !
Je glisse le récépissé sour la porte. Vous le signez et je laisse le colis sur le palier.
Juste une petite signature ...
Scritch ! Scritch !
Merci Madame !
Et voilà !
Ce n'était pas bien compliqué !
Euh... un smiley fâché ! ??
... Ce n'est pas une signature, Madame !
J'ai reconnu ta voix, Cloé.
Maintenant, ouvre cette porte !
Et montre-moi ton devoir d'Histoire !
J'ai l'impression que tu vas devoir envoyer une carte d'anniversaire à Éloïse !

La patience à rude épreuve

DRIIIIIIIIIIIIIIINNNNG !!!
J'adore quand ce son me brise les tympans !
Meilleur moment de la journée !
La fin des cours !
Oups!
Il pleut, il mouille...
... Je vais bientôt ressembler à une gargouille !
Heureusement je ne rentre pas à pied !
Mais où est maman chérie ?
Mamounette ?
Qu'est-ce qu'elle fout ?
Je lui avais pourtant bien dit d'être à l'heure ! !
Allôôôôôô ?
Maman ?
Non, mon cœur...
Je ne t'ai pas oubliée ...
Il pleut ? Et tu n'as pas pris mon parapluie ?
Dommage !
Je m'habille et j'arrive !
C'est bon... Râle pas !
Pas la peine de t'énerver !
Tu peux bien m'attendre pour une fois !
Hi Hi Hi !!!

La clé du problème !

Ça ne te dérange pas qu'ils dépensent autant d'argent pour une course ?
C'est leur argent ! Ils ont le droit de le dépenser comme ils veulent !
Et les accidents ?
On ne fait pas d'omelettes sans casser des œufs !
Euh... bon, il est tard, hein...
Je vous laisse...
Bonne soirée !
C'est malin !
Il est parti à cause de toi !
Ce n'est pas ma faute si ton copain a des goûts stupides !
Occupons-nous plutôt des courses...
Raaa ! Non !
J'ai oublié le pain !
Il faut que j'y retourne.
Range les courses pendant ce temps-là.
Hééé !
Cloé !
Rends-moi mes clefs de voiture !
Pas question !
Tu y retournes à pied !
Comme ça, tu ne pollueras pas !
Tu feras des économies !
Et tu ne risqueras pas de provoquer un accident !
Bon courage, M'man !

Une belle soirée

Ce soir, on doit regarder une émission sur les énergies renouvelables. C'est obligatoire.
C'est pour un exposé en SVT.
J'avoue que j'envisageais de regarder la finale de MégaStar...
Je te comprends.
Je me sens trop coupable de t'infliger ça !
Ben... dans ce cas... je vais voir MégaStar chez la voisine.
Super idée, Maman !
Je m'en doutais.
Je la connais par cœur.
Il y a à manger dans le frigo.
T'inquiète, je gère.
Bonne soirée, Mamounette
MégaStar, me voilà !!!
Cloééé !
La voisine n'est pas là !
Et puis j'ai réfléchi.
Aaaah?
C'est égoïste de ma part de te laisser toute seule...
Zap !
Alors je reste !
Faut s'entraider entre mère et fille.
Ouais... Trop cool !
Tu prendras des notes pour ton exposé ?
Tant pis pour MégaStar ... au moins, on passe la soirée ensemble.
B... bien sûr !
Et maintenant, notre doc, suivi d'un débat, sur le thème des énergies renouvelables.
Le soleil, le vent, l'eau mais aussi le bois, les biocarburants ou la géothermie, nous passerons en revue toutes ces énergies naturelles !

Peur bleue

Coucou !!
C'est moi !!
Sympa l'accueil...
On se sent attendue...
Je sais bien...
Je dois accepter de me séparer d'elle !
Mais, c'est tellement dur.
Elle va me manquer.
Et puis, ce n'est pas la porte à côté !
Évidemment, tu as raison.
On doit apprendre à vivre l'une sans l'autre.
Et c'est pour son bien.
Nooooon !
Ça y est !
Elle a reçu mon bulletin !
Et elle veut m'envoyer en pension !!!
Je dois la faire changer d'avis !
VIIITE !

Elle va voir combien je peux être utile !
Combien je suis indispensable !
Je vais lui montrer qu'elle ne peut pas vivre sans moi !
POUAH !
Ça, c'est le sacrifice suprême !
Cloé...
Ma chérie...
Snif !
Ta tante a réussi à me convaincre.
Il faut que je te parle.
J'ai signé l'autorisation pour ton voyage scolaire.
3 jours à Paris !
C... c'était seulement pour ça !!!
Finalement je veux quitter cette maison !
T... tu me téléphoneras tous les jours, hein ?
Tiens, ça brille ici !
Avec toutes ces émotions, je ne me souviens même plus avoir fait le ménage.

Haute stratégie

Bonsoir Julien !
Ça me fait plaisir de te voir !
Tout le plaisir est pour moi !
???!
J'ai choisi une comédie romantique !
Tu aimes ?
Tu rigoles ?
J'adore !
Cloé ?
Allons acheter nos billets !
FASTCAR 8
J'ai hâte de voir ce film avec toi.
Héééé !
ATTENDEZ !
Votre film a l'air trop cool !
On pourrait aller le voir ensemble.
T... t'es sûre ?
Oui, ça va être sympa.
Jérémy est d'accord.
Ben...
LOVE
Désolée pour ton film Jérémy...
Mais je dois garder un œil sur ma mère.
Tu comprends ?
Merci d'avoir joué le jeu et d'avoir accepté de venir.
C'était le seul moyen de garder un œil sur elle.
Je savais qu'elle ne me laisserait jamais aller voir un film seule avec un homme.
Hé ! Hé ! Moi aussi j'ai une fille. Alors à charge de revanche !

L'amie des bêtes

Beuuurk !
Je préfère encore aller me coucher !
Bonne nuit, ma poulette !
À présent, Marcel fait revenir l'échalote dans le beurre.
Miam !
C'est drôlement appétissant !
La truite est cuite dès que la chair devient opaque.
Un filet de citron, et c'est prêt !
AAAAAAAAAAAAAAAAAAAAAAA
CLOÉ
Cloé !!!
Làààààà !
Une araignée !
ÉNORME !
Tue-la, Maman !
CLOÉ
Écrase-la !
Écrase-la !
Allons, Cloé , on n'est plus des sauvages !
Faut respecter la vie animale !
Le droit des animaux tu connais ?
MAMAAAN !!!!
Nooooon !!
Reviens !!!!

Maman-pot-de-colle

Cool !
Toute ma classe est là !
Hééé ! Salut tout le monde !
Tous en rang !
Allez, allez !
Il est l'heure !
Montez dans le train !
Cloé !
Dépêche-toi !
Snif !
Bye bye, Maman !
Sois sage, hein !
Hi ! Hi !
Enfin tranquille !
Ma mère ne voulait plus me lâcher !
Ma pauvre !
Euh...
C'est pas ta mère qui court sur le quai ?
M... MA VALISE !!!
T'inquiète ...
Je te prêterai des vêtements !
Oui ! Moi aussi !
M... Merci, les filles !
Ma mère...
Je crois que je ne m'en débarrasserai jamais !
Tibidiii ...
Allô ? Ma chérie ?
Rassure-toi pour ta valise.
Je prends le prochain train et je te rejoins.
Et je resterai avec vous pendant tout le séjour.
Je viens d'en parler avec ton professeur, il est d'accord !
C'est super, Non ?

Le minimum

LUNDI
Alors, Cloé, tu as terminé cette rédaction ?
Hein ?
Euh ...
oui, oui, j'ai fini.
M... mais...
Il y a trois lignes !
Le docteur a dit que je devais m'économiser...
... car je suis en pleine croissance.
Et puis, tout est dans le style.
Si tu as une mauvaise note, tu apprécieras le style de la punition !
MERCREDI
Cloé !
Est-ce que tu as rangé ta chambre comme je te l'ai demandé ?
M'ouais !
J'ai fini !
Tu rigoles ?
Il y a encore des vêtements partout !
Je ne peux pas tout ranger.
Le docteur a dit que je devais m'économiser.
Suis en pleine croissance, moi !
Elle m'énerve !!!
Hééééé !
Dérange pas tout !

VENDREDI
Cloé, j'espère que tu n'as pas oublié de nettoyer les carreaux ?
Meuuunon !
Tu me prends pour qui ?
J'ai terminé !
Terminé ?
Tu n'as lavé qu'un seul carreau ?
Ben oui... le docteur a dit que je devais m'économiser.
Suis en pleine croissance, moi !
C'est vraiment n'importe quoi, Cloé !
J'en ai marre !
Ouah ! T'es trop stressée, Mamounette !
Pschittt ! Pschittt !
Frotte ! Frotte !
SAMEDI
Maman chériiiiiie !
On est samediiii !
C'est le jour de mon argent de poche !
T'as pas oublié ?
Bien sûr que non, mon cœur.
Voilà pour toi.
U... un euro !
Normalement c'est 10 !
Oui, mais mon banquier a dit que je devais économiser.
T... tu ne peux pas me faire ça !
Je vais au ciné avec Jérémy !
Désolée, ma chérie, je suis en pleine décroissance, moi !

Un super remède

Il me faut une dispense !
Appelle le médecin !
Alors, voyons de quoi souffre ce chat.
Sa température est normale.
Ahh !
Indigestion !
Glou Glou !
Votre chat a mangé trop de croquettes !
À mon avis, il a trouvé le paquet !
Rooo le vilain coquin !
Tant que vous êtes là, vous pouvez ausculter ma fille ?
MAMAN !
Il paraît qu'elle a des boutons !
C'est une demande inhabituelle...
... Mais j'avoue que je soigne parfois mes enfants.
Vous faites des certificats d'absence ?
Voyons voir ...
La truffe est froide.
Le poil est brillant et soyeux.
Alors ?
Je peux rester à la maison ?
Ce n'est qu'une légère poussée d'acné.
Et j'ai le remède idéal !
Avec ça, tu ne te gratteras plus !
Elle peut aller en cours.
Elle doit juste garder la collerette deux ou trois jours.
Merci docteur.
NOOOON !!!
Bonne journée !

Drôle d'oiseau !

Q... qu'est-ce que c'est ?
Ben...
le perroquet de Jérémy.
Je le garde pendant 15 jours.
Je t'ai préparé ton thé préféré, Maman !
Bonjour poulette !
T'as de beaux yeux tu sais ?
CocOOOOO !
Hé hé !
T'es rigolo !
Regarde ! il joue déjà avec Corto !
Cortoooo !
MIIIIAIOUILLLE !!!
Mon pauv' minou !!
Cloé ! Débarrasse-moi de ce perroquet !
Cocooo n'aime pas Corrrto !
Pitié, Maman !
Jérémy compte sur moi !
Je ferai TOUT ce que tu voudras !
Tu parles ! Tu oublies toujours tout !
Je passe ma vie à répéter ce que tu dois faire.
Tu paaaarles !
Tu oublies toujours tOUUUUt !
Hééé... trop marrant !
Il répète tout ce que je dis !
Finalement, tu vas pouvoir le garder Cloé !
Ron Ronn ...
Ce perroquet pourrait être très utile.
Tu n'as pas l'impression de profiter de la situation, Maman ?
Chut ! Je regarde ma série !
... en savourant le thé que tu m'as préparé avec amour !
Frooootte ! Frooootte !!
Et rrrrince bien !
Ensuite, tu passeras l'aspirateur dans ta chaambrrre.
Et tu rangeras ton burrreau !
Cocoooo !

Prise de bec

Trop cool, c'est l'heure de Stars Life's !
La pire émission de ragots du monde !
J'adore me cultiver !
Hé hé !
Tes devoirrrrrs ! Tes devoirrrrrs !
Il est l'heurrrre !
Il est l'heurrrre !
Cloé ! Écoute Coco !
Tes devoirrrrs ! Tes devoirrrrrrrs !!!
Très bien.
C'est bon...
J'y allais de toute façon.
Cool ! Jérémy est en ligne !
Hola Cloé !
Ça va, Jérémy ?
Tu passes de bonnes vacances ?

Tes devoirrrrrs !
Tes devoirrrrrs !
Raaaaa ! Mais tais-toi !
Hein ?
Tes devoirrrrrrs !
Tes devoirrrrrrrrrrrs !!!
Non ! Je parlais à Coco !
Comment ?
Je ne t'entends plus !
Tes devoirrrrrrs
Tes devoirrrrrrrrrrrs !!!
T'es vraiment le roi des casse-pieds !
Si tu penses m'empêcher de parler à Jérém' ...
... Tu te mets la plume dans l'œil !
Mamounette...
Désolée, mais Coco n'arrête pas de parler...
Ça me déconcentre pour finir mes devoirs.
Ma pauvre bichette, donne-le-moi.
Ciaooo !
Alors, Coco...
Il paraît que tu es trop bavard ?
Ça va, Jérémy ?
Tu passes de bonnes vacances ?
Jérrrémy !!!
Inutile de fermer ton ordi !
Je sais que tu parlais à Jérémy...
... au lieu de faire tes devoirs !
Mince ! Elle est voyante, ou quoi ?
Tes devoirrrrrs !
Tes devoirrrrrs !

Tête de l'Art !

Cette exposition promet d'être exceptionnelle !
On va passer un super après-midi.
Mouais... J'ai comme un doute...
muséeartcontemporainlyon
EXPO :/ ART MINIMAL
Regarde ce tableau !
J'adore !
J'ai fait le même en maternelle !
« Point Barre » 2014 Yogi Bigot
La beauté apparaît parfois dans la simplicité, Cloé.
Cette œuvre nous invite à regarder au-delà des apparences.
Quand je pense qu'on pourrait être tranquillou devant une série...
L'art minimaliste repose sur le dépouillement et la neutralité, Cloé.
J'hallucine !
C'est seulement l'inverse de l'autre !
« Point Barreee » 2014 Yogi Bigot
J'ai vraiment du mal à savoir lequel je préfère.
Le blanc avec le point noir, ou le noir avec le point blanc ?
Tu es petite d'esprit, ma fille.
« Point Bareee » 2014 Yogi Bigot
Moi ? Petite d'esprit ?
Tu veux me faire croire que tu aimes vraiment ça ?
Tu ne comprends rien au minimalisme...
C'est désespérant.

Je te donne l'occasion de te cultiver, et toi tu fais ta tête de lard !
Tu critiques tout !
Je voulais t'inviter au restaurant du musée...
... mais puisque c'est comme ça, autant rentrer.
Ah !
Enfin une bonne parole !
Je vais préparer le repas, Mamounette !
Elle regrette de s'être mal comportée et essaie de se rattraper.
Je reconnais bien là ma fille adorée.
J't'appelle dès que c'est prêt !
Hummmm...
Ça sent hyper bon !
À TABLE !
Ben...
Où est mon burger ?
J'ai préparé un plat spécialement pour toi...
Une recette très minimaliste !
Simple mais savoureux.
Ne sois pas petite d'esprit : Tu vas adorer !

Une course éclair

Quelle chance !
Un banc !
Vous allez pouvoir vous reposer !
Mais je ne suis pas fatiguée !
Mais si !
Cloé !!
J'ai honte !
Pense à l'éclair au chocolat qui t'attend !
Ouf ! C'est encore ouvert !
LA LEVURE DORÉE
Mince ! il ne reste qu'un seul éclair !
Tu vas devoir prendre la tartelette !
Non ! Je veux l'éclair !
J'ai le bon !
J'ai l'argent !
Une mère doit savoir se sacrifier pour sa fille !
Dans tes rêves !
Mère indigne !
Égoïste !
Voilà mon bon !
Je vais prendre l'éclair et la tartelette !
Merci !
Je vous avais dit que je n'étais pas fatiguée !
Grâce à moi, vous n'allez plus vous disputer.
Mmmmhhh... un délice cette tartelette !
Il est bon ton éclair Kiki ?
On ferme !

Un chagrin bienvenu

C... c'est qui, ça ?
Joliiiie !
Euh...
Rien du tout.
J... je n'ai jamais vu cette photo.
Alors pourquoi il est écrit : « Je t'aime mon Jérém' » ?
Signé Nora !
Noraaaaa !
N... Nora ? Vraiment ?
BoOOOuuuuuuUUUuh
Joliiiie Noraaaa !
Je crois qu'il est temps de partir, Jérémy.
Mamaaaan ! Je suis si malheureuse...
Viens là mon chaton !
Sniiiff !
Maman ! Il m'a trahiiiiiiiiie !
Je le déteste !
Toi tu ne me trahiras jamais, Maman ?
Bien sûr que non, ma chérie.
C'est vraiment chouette de partager ces petits moments ensemble.
Snif ! Snif !
J'adore les chagrins d'amour !
Je t'aime, Mamounette !
Heureusement que tu es là !
Sniiiff !